Cte. de Merigny.

Barbier inv. *Née et Masquelier Sculp.*

2

Il fut initié par elles
Dans leurs misteres enchanteurs.

ANAXIMANDRE

f. Andantino
L'Esprit et les ta-lens sont bien, mais sans les graces ce n'est
f.
f.
rien. L'Esprit et lestalens sontbien, mais sans les graces cen'est rien.
Fin
Fin
Sous le beau nom d'Anaximandre chez les Grecs un Sage vi-voit.
chacun accouroit pour l'entendre; Athéne en foule le sui-vait.

II

Le Philosophe Anaximandre
Aux belles offrit son Encens:
Car les Savans ont le coeur tendre,
Et tout Philosophe a des sens.
Mais les Athéniénes volages
Rejetterent ses tendres voeux;
Et de frivoles Amoureux
Virent préferer leurs homages:
L'Esprit et les Talens sont bien,
Mais sans les graces, ce n'est rien.

III.

Piqué de les trouver rebelles
Il fut s'en plaindre chèz Platon;
Platon étoit l'Ami des Belles,
Et même des Rois, nous dit-on;
Il humanisoit son génie,
Il brilloit à Soupé le Soir;
Et malgré son profond savoir
Il étoit bonne compagnie:
L'Esprit et les Talens sont bien,
Mais sans les graces, ce n'est rien.

IV.

Aprenés moi, mon cher Confrere,
Dit le Sage disgracié,
Comment chèz vous à l'art de plaire
Le Génie est associé.
Je veux me former sur vos Traces,
Votre Conseil sera ma loi;
Eh! bien, dit Platon, Croyés moi
Mon cher, Sacrifiés aux Graces:
L'Esprit et les Talens sont bien,
Mais sans les Graces, ce n'est rien.

V.

Dans une chapelle voisine
Anaximandre s'en alla;
Aglaé, Thalie, Euphrosine,
Sourirent en le voyant là.
Il fut initié par elles
Dans leurs mistéres enchanteurs;
Il revint Couronné de fleurs;
Et ne trouva plus de Cruelles;
L'Esprit et les talens sont bien,
Mais sans les Graces, ce n'est rien.

VI.

La métamorphose soudaine
Du Sage fit L'Homme du jour;
Les bonnes fortunes d'Athéne
Vinrent l'accueillir tour à tour.
Et quand il trouvait sur ses traces
Quelque Pédant de mauvais ton,
Il lui disoit: Croyés Platon,
Mon cher, Sacrifiés aux Graces:
L'Esprit et les Talens sont bien,
Mais sans les Graces, ce n'est rien.

M. FRANÇOIS DE NEUFCHATEAU.

8

Si je vous le disois, la beauté que j'adore,
Le sauroit aussitôt que vous.

LA DECLARATION INGÉNIEUSE

La Declaration Ingenieuse.

LA DECLARATION INGENIEUSE.

-me je nomme la Beau.....té dont je sers les ap--
..pas dont je sers les ap-pas
Mais en vain au-jourd'hui vous
m'assurés en-core de gar-der un se--cret qui
me parait si doux si je vous le di=sois la Beau-

-té que j'a--dore le sçau-roit aussi-tôt que vous. le sçau-
-roit aussi-tôt que vous. Si je vous le di = sois,
si je vous l'e di = = sois, la Beauté que j'a-
-dore le sçauroit aussi---tôt que vous.
Dacapo al Segno.

14

Lorſque je vais, chaque matin,
Sur ma parure,
D'une onde pure
Conſulter le Criſtal ſerein.

Le Barbier inv. D. Née Sc.

LE REPROCHE MAL FONDÉ

Andantino
Colin au bord d'un clair ruisseau près de Lisette sur sa Musette Exprimoit
dans un air nouveau la vive ardeur qui tourmentoit son cœur, hélas dit elle en soupi-
-rant Qu'un tendre amant S'allarme aisément Colin consulte mes yeux ah! puis-je faire
mieux pour te rendre heureux? Colin

II

Lors-que je vais Chaque Matin
Sur ma parure
D'une onde pure
Consulter le Cristal Serein;
De mille Fleurs
J'assemble les Couleurs.
Quoi-qu'absent, tu les assortis,
Et j'en Choisis
Ce que tu Chéris :
Mes attraits sont dans tes yeux;
Ah! puis-je faire mieux
Pour te rendre heureux! } bis

III

Colin rempli d'un nouveau feu,
Dans son yvresse,
De sa tendresse
Répéte Mille fois l'aveu :
Déja L'amour
Est certain du retour;
Mais est-ce assez pour un amant?
S'il voit l'instant
Il est plus pressant:
Lisette en baissant les yeux.
Dit: puis-je faire mieux
Pour te rendre heureux. } bis

M. LE CHEVALIER DE MENILGLAISE.

Allegretto
Dé la sombre jalousie Maris fuyés le poison cette noire frénésie vous prive de la rai-
-son si des Rivaux redoutables causent vos tourmens secrets en vous rendant
plus aimables renversés tous leurs projets.
II.
Si votre Epouse est fidélle
A tort vous vous allarmés;
Si l'amour ailleurs l'appélle
En vain vous vous gendarmés:
La contrainte dont on use
Par un jaloux mouvement,
D'une femme accroît la ruse
Et les desirs d'un Amant.
III.
Argus auprès d'une belle
Eut beau Veiller nuit et jour,
Malgré sa garde eternelle
Il fut duppé par l'Amour.
Si ce gardien sévére
Ne put rien avec cent yeux,
Hélas! que pourrés vous faire
Vous qui n'en avés que deux?
IV.
Pour trop user d'un remède
Bien souvent on se détruit:
De l'erreur qui vous posséde
Jaloux, voila tout le fruit:
Vos précautions Sévéres
Avancent L'instant Fatal,
Et vos peurs imaginaires
Réalisent votre mal.
* *

Mon chien erre ainsi que moi,
Et veut suivre encore la trace,
Qui me conduisoit vers toi.

Le Barbier inv. D. Née Sc.

LE RETOUR DESIRÉ

Le Retour Desiré.

Andante
Re-viens mon aimable An-nette a-ban-donne tes fo - - - rets
tout nô-tre Hameau ré-pette mes ſoupirs et mes regrets hé-las!
ſi nos Bergers trouvent loin de toi mille tour-mens que ſont
les maux qu'ils Eprouvent auprès de ceux que je ſens!

II.

Nos près Jadis pleins de Charmes
Ont perdu de leur gayté:
Mes yeux obscurcis de larmes
M'en dérobent la Beauté.
Leurs attraits, sans disparaitre
N'ont plus de quoi me flatter:
Les Plaisirs Cessent de l'être
Pour qui ne peut les gouter.

III.

Mes Moutons d'un pas timide
Dans la plaine dispersés
Y cherchent envain leur guide,
Et des Loups sont ménacés:
Je traine envain ma disgrace
Mon chien erre ainsi que moy,
Et veut suivre encor la trace
Qui me conduisoit vers toy.

IV.

Envain la Nature entiére
S'offre sous les plus beaux traits;
Rien n'a le droit de me plaire
Qu'embelli de tes attraits.
Les lieux les plus tristes même,
Changent, si je t'apperçois;
Quand je vois c'elle que j'aime,
J'aime tout ce que je vois.

* *

II.

Ce plaiſir tant regrétable
Me répond, rend grace aux Dieux;
S'ils m'avoient ſait plus durable
Ils m'auroient gardé pour eux.

Me. la Comtésse de Murat.

Bien que ce ſut en chanſon
C'etoit une leçon.

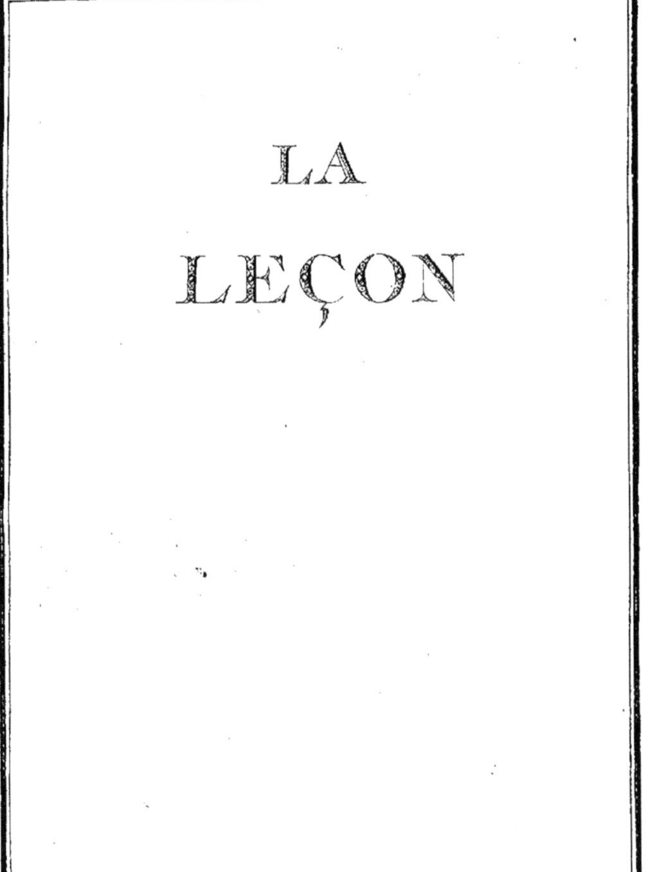
LA
LEÇON

Andantino.

Alexine à Cori=don tenoit ce Langa=ge bien que ce fut en Chan=son, c'était u=ne Le=çon. Un Pigeon quit=ta son mé-nage, sa tendre moitié, ses pe=tits: pour une Allou=ette Vo=lage dont le ca=quet l'avoit E=pris.

II.

Il voulut en même tems
Prendre le Ramage
De ces etourdis d'Amans
Que l'on trouve charmans.
Toujours Pigeon, quoique Volage,
Notre pauvre Amant Roucouloit;
Croyant imiter le langage
De celle qui le persifloit.

IV.

L'Epoux qu'elle revoyoit
L'avoit délaissée;
Souvent elle s'en plaignoit,
Et souvent l'ennuyoit.
Soupir d'une belle offensée
Effraye, et charme un tendre Amant;
Mais quand la tendresse est passée,
Soupir fatigue L'inconstant.

III.

Moqué, confus, éconduit,
Objet de risée,
Il revint bientôt sans bruit,
Retrouver son réduit,
Sa tendre moitié désolée
Lui parut belle en ce moment.
Quand de Dépit l'ame est troublée
On vante alors le sentiment.

V.

L'humeur, et l'air Emprunté
Que l'ennuy fait naître,
Fit qu'ils vécurent sans gaité,
Chacun de leur Coté.
Pour un bien qu'on cherche à connaître
On abandonne un doux lien;
Puis L'erreur vient à disparoître,
Et souvent il ne reste rien.

M DE NON.

II

Nos Bergers n'enfloient leurs Musettes
Que pour célébrer ses attraits ;
Leurs amoureuses Chansonettes
Ne peignent plus que des regrets .
L'Email des fleurs, et la Verdure
Ont perdu tous leurs agrémens,
C'étoit pour former sa parure
Que nous desirions le Primtens .

III

Des Rossignols le doux Ramage
Ravissoit le coeur dans nos bois,
Quand il s'accordoit sous l'ombrage
Aux sons enchanteurs de sa voix ;
Instruits par cette voix si tendre
Ils veulent en vain l'imiter :
Quand on est privé de l'entendre
Peut-on encor les Ecouter ?

IV

Puissent nos voeux de son absence
Abreger les Cruels instans !
L'amour ne doit qu'à sa présence
L'art de rendre les coeurs contens
Au Primtens, L'haleine de Flore
Produit les Fleurs, et les Zéphirs ;
Thémire en tout tems fait édore
L'aimable saison des plaisirs .

M. LE CHEVALIER DE MENILGLAISE

Après un long silence
J'entendis un soupir...

Le Barbier inv. L.J. Masquelier Sc.

L'HEUREUSE PLAINTE

L'HEUREUSE PLAINTE.

II.

Depuis que tu m'es chére
Je ne fais que languir,
Ce qui savoit me plaire
Pour moi n'est plus plaisir.
Mon Chien, et ma Houlette
Qu'allés vous devenir?
L'amour me fait, belle Brunette,
L'amour me fait mourir.

IV.

Si mon amour extrême
Ne peut fléchir ton coeur;
Si tu ne dis, je t'aime,
Tircis est mon Vainqueur:
A tes yeux, ma Lizette,
Tu me verras périr;
Tu me feras, Belle Brunette,
Tu me feras mourir.

III.

Ma Brebis si chérie
Qui me caréssoit tant,
Maintenant je l'oublie
Tant mon tourment est grand:
Quand je suis sur l'herbette
Je la laisse courir,
Pour songer à toi, ma Lizette,
Toi qui me fais mourir.

V.

La jeune Bergerétte
Laissa couler des pleurs.
C'étoit de sa défaite
De surs avant-coureurs.
Après un long silence
J'entendis un Soupir...
Et puis tous deux d'intelligence
Disoient, je vais mourir.

* * *

II

Un jour, helas! qu'il t'en ſouvienne,
Je vins t'aporter un Agneau,
Qu'un Loup dans la Foreſt prochaine
T'enlevoit de ton cher troupeau;
Belle Brunette &c.

III

Envain je crus que ce ſervice
Toucheroit ton barbare cœur;
Il me fut un nouveau ſuplice
Tu n'en eus que plus de rigueur.
Belle Brunette &c

IV

Si pour te faire une careſſe
Tu vois même aprocher mon chien,
Tu le traites avec rudeſſe,
Et le fais mordre par le tien;
Belle Brunette &c

V

Ce Ruiſſeau dont l'eau vive et pure,
Groſſit des pleurs que je répans,
Redit auſſi par ſon murmure
Qu'il mêle à mes triſtes accents;
Belle Brunette &c

* *

Recueillés vous quelques momens
Mon ame infortunée ;

Le Barbier inv. Masquelier Sculp.

LE RECUËILLEMENT

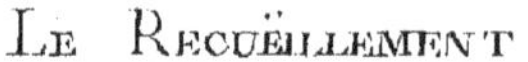
Le Recueïllement .

Andantino
Re-cueillés vous quelques momens mon ame in-for-tu-né-e et su-por-
-tés tous les tourmens aux quels vous ê-tes condamné-e On veut que mes sou-
-pirs, de-sor-mais renfermés vous forcent d'éprouver les plus cruelles pei-
Doux F Doux F
-nes, on veut vous ar-ra-cher à ce que vous ai-més, et vous contraindre he

=las! à de coupables chai=nes . . . . De la Raison ou
de l'amour suivrai je les loix en ce jour! ô mort viens me ti=rer de mon in=
=cer= =ti= tu= de lequel des deux mon foible cœur recevra t il pour
son vainqueur ô mort viens ter mi=ner ma triste in qui= = é = tude

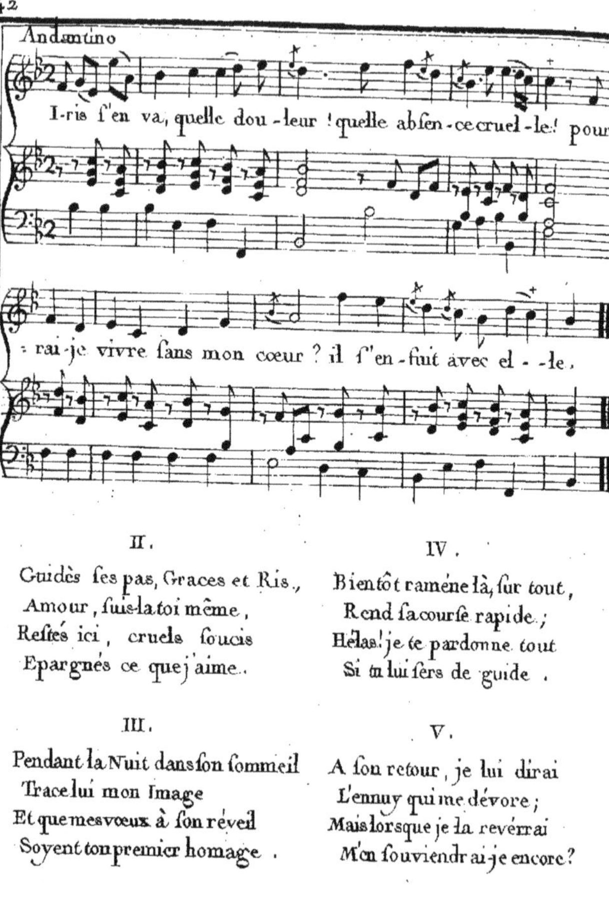

II.

Guidès ſes pas, Graces et Ris,
Amour, ſuis-la toi même,
Reſtés ici, cruels ſoucis
Epargnés ce que j'aime.

III.

Pendant la Nuit dans ſon ſommeil
Trace lui mon Image
Et que mes vœux à ſon réveil
Soyent ton premier homage.

IV.

Bientôt ramène là, ſur tout,
Rend ſa courſe rapide;
Helas! je te pardonne tout
Si tu lui ſers de guide.

V.

A ſon retour, je lui dirai
L'ennuy qui me dévore;
Mais lorsque je la reverrai
M'en ſouviendrai-je encore?

* *

Hélas ! reprit Colin,
Mon cœur t'adore en vain.

LES *PLAINTES* MUTUELLES.

LES PLAINTES MUTUELLES.

II

Si je demande un baiser
Je te vois prête à le refuser....
Non, non
Mon cœur t'accorde ce don,
Mais que fais tu donc?
Déja
Pour cela
Tu sembles attendre
Un don plus tendre!
Je sçavois bien, Colin,
Que ce serait envain :
C'est le sort des Amours
De se plaindre toujours.

III

La Belle écoute ses voeux.
L'instant arrive, il devient heureux;
Ses feux
Sont d'abord vifs et préssants,
Bientôt languissans.
Comment
Cher amant,
Ton ardeur chancélle,
S'écria-t'elle;
Helas! reprit Colin,
Mon cœur t'adore envain;
C'est le sort des amours,
De se plaindre toujours.

M. LE CHEVALIER DE MENILGLAISE

II

Tous les jours je rend grace aux Dieux
Des bienfaits que j'ai reçu d'eux ;
Je ne fais nulle plainte .
Soumis aux ordres du Deſtin
Tranquillement j'attens ma fin
Sans deſirs et ſans crainte .

III

Le paſſé ne peut revenir,
On ne peut prévoir l'avenir,
Du préſent on eſt maitre .
J'en jouis ſans aproſondir
Les Dieux m'ont formé pour jouir
Et non pas pour connaitre

IV

Raison à quoi ſert ton flambeau
Qui doit, dit-on, jusqu'au tombeau
Eclairer l'homme Sage ?
Dans notre enfance a peine il luit
Dans la jeuneſſe il éblouit,
Il s'éteint avec l'age .

Mille talens .... ah! le Corsaire
Cria l'Avare en s'enfuiant.

L'AVARE

ET LA

JEUNE ESCLAVE

Allegretto
Un Persan qui tra-fi-quoit de jeunes Beautés dans la Gréce,
à Cra-tès un jour ſ'a-dreſſe: il concertoit mal ſon pro-jet:
nôtre homme n'étoit pas d'é-toffe à payer de jeunes at-traits;
afin de vivre à moins de frais Cratés... ſ'étoit fait Philoſo--phe

II.

J'ai, dit-il, en l'abordant,
Un vrai bijou digne de plaire:
Cratès au ton de mistère,
Croit qu'au moins c'est un Diamant
Vous concevés bien que L'avare
Soudain au mot prit le Marchand,
Tout en secret, se promettant
D'avoir bon marché du Barbare.

III.

Quel Spectacle en arrivant!
Une Esclave fraiche et vermeille,
Sur un lit de fleurs Sommeille:
La beauté fait son ornement.
Sans Vétement et sans Ceinture,
Elle s'offre aux yeux satisfaits,
Fiere de montrer les bienfaits
Et les trésors de la Nature.

IV.

Le Marchand parle, à l'instant
Résonne une voix accomplie,
Qu'avec grace elle marie
Aux doux accords d'un Instrument
Notre Avare enrageoit dans l'ame:
Il promenoit par tout ses yeux;
Cherchant le Bijou précieux
Et n'apercevant qu'une Femme.

V.

Des charmes aussi touchants
Valoient un prix considérable,
Mais le Marchand raisonable
N'éxige que mille talens:
Mille talents ah! le Corsaire!
Cria L'avare en s'enfuyant;
Je t'en donnerois à l'instant
Deux mille en sus pour m'en défaire.

M. LE PRIEUR

II

De la moindre fleurétte
Que m'a choisi ta main,
J'embéllis ma Houlétte,
Ou, je pare mon Sein.
Inquiétte, interdite,
Sitôt que je te voi
Mon tendre cœur s'agite;
Ah! je n'aime que toi.

III

Le trouble de la belle
A ces mots redoubla.
Le Berger auprés d'elle
Tendrement exprima:
Belle Eglé, je t'adore.....
Ah! dit elle, hors de soi
Qu'attens tu donc encore,
Quand je n'aime que toi?

IV

A ce tendre Langage
Il devient plus préssant,
Un baiser est le gage
Des transports qu'il ressent.
Quelques Larmes suivirent;
L'amour bannit l'effroi.
Tous les deux ils se dirent:
Ah! je n'aime que toi.

M. LE CHEVALIER DE MENILGLAISE

Si tu m'eſt toujours ſi ſévére,
Je vais me pendre a ce rameau.

Le Barbier inv. D. Né Sc.

L'HEUREUSE MENACE.

Allegretto.
Colinet au pied d'un ormeau disoit un jour à sa Bergére, si tu m'es
toujours si sé-vere je vais me pendre à ce rameau, un peu sur-
-prise à ce lan-gage la belle lui dit al-te-la! Colinet si tu fais ce-
-la que di-ra-t'on dans le Vil-la---------ge?

II.

Laisse moi donc prendre un baiser
Lui dit le Berger plein de flâme;
La Bergere au fond de son âme
Eut voulut ne point refuser:
Il le ravit avec courage,
La belle lui dit Alte la!
Colinet si l'on sçait cela
Que dira-t'on dans le Village?

III.

Le Berger devient plus pressant
Et la Bergere moins farouche;
Un Baiser qu'il prend sur sa Bouche
L'irrite, et puis elle y consent.
Bientot il ose davantage,
Pour le coup, dit elle, Alte la!
Bon, reprit-il, que fait cela?
Le saura-t'on dans le Village?

IV.

D'abord la belle à ce Discours
Demeure un instant interdite;
L'amour déja la sollicite,
Colinet la presse toujours.
Ah! dit elle, tu n'es pas sage;
Elle voulut dire Alte la,
Mais tous les deux après cela
Ne songerent plus au Village.

M. LE CHEVALIER DE MENILGLAISE.

II.

Vous dirés, beaux yeux me voila,
Aimer je veux d'amour extrême,
Vous dirés, beaux yeux me voila,
Son doux regard sur vous luira:
Et votre cœur tôt s'écrira,
Ah! grand merci, voila que j'aime.

M. DE MONTCRIF.

Laiſsés durer la nuit impatiente Aurore
Elle m'aide a cacher mes ſecrettes douleurs.

L'OBSCURITÉ DESIRÉE.

Largetto
Laissés du = rer la Nuit laissés durer la Nuit impatiente Au =
= ro = re elle m'aide à cacher à cacher mes secretes douleurs ; et je n'ai
pas en = core assés ver = sé de pleurs assés versé de pleurs ;
Pour mes re = grets hé = ... las... ! est-il des Nuits trop

P
F
P
F
P
som = = bres depuis que mon Berger a quité ce Sé=jour je ne sçau
= rois plus voir le jour laissés moi donc pleu = rer laissés moi
donc pleurer laissés moi donc pleurer à la fa = veur des
Om = = bres laissés moi donc pleurer à la faveur des Ombres.

Andante
Ma Bergere est tendre et fi= dele mais hé= las ! son amour n'é=
= ga= le pas le mien ma Bergere est tendre et fidele mais hé =
= las ! son a=mour n'égale pas le mien
Fin
Elle aime son Trou= peau sa Hou=
= lette et son Chien et je ne sçau=rois - - - - aimer qu'elle. Ma Ber=

Viens Eglé dans la prairie
Nous dirons une chanson,

LA LEÇON
OFFERTE.

Allegro
Viens E-glé dans la prai-rie nous dirons une Chanson j'en sçais
une bien jo-li-e c'est d'amour une leçon elle enseigne à se deffen-dre
à ré-sister quelque tems puis enfin à se rendre aux soins d'un fidéle a-
-mant viens Eglé viens donc l'entendre viens connoitre un Dieu charmant

II

Laisse là ta Bergerie ,
Ta houlette, et ton troupeau ;
Quitte ta Brebis chérie
Pour apprendre un jeu nouveau :
Quand tu le sçauras , ma chere ,
Tu voudras jouer toujours .
Rien ne sçait autant plaire
Que le joli jeu d'amours ;
Viens Eglé, viens ma Bergére
Ce Dieu file les beaux jours .

III

Pourquoi faire la sévere
Tu te prives des Plaisirs !
La raison n'est que chimére
On doit céder aux desirs :
Dans les bras d'un amant tendre
On connait le vrai bonheur ;
Pourquoi donc se déffendre !
Pourquoi fuir un Dieu Vainqueur !
Viens Eglé , viens donc l'apprendre,
Ta leçon est dans mon cœur .

* * *

Son cœur jadis fi tendre
Ne prend plus à m'entendre
Le plaisir qu'il avoit à m'entendre autrefois,
Elle vient moins fouvent folatrer fur L'herbette;
Ah! je crains bien que la folette
Ne perde tout l'amour que fon cœur a pour moi.

* *

Ô toi, Morphée, ô toi, qu'environnent les songes.

PRIERE
A
MORPHÉE

PRIERE A MORPHÉE

Andante
Ô toi, Morphée, ô toi qu'environnent les songes les fan-
-tômes lé-gers les folles vizi-ons, toi qui nous fais dans
Fort
l'ombre a dorer tes men-songes Dieu des illusi-ons Ministre du re-
-pôs et des heures Noc-turnes é-coute j'ai jon-ché ton au-

PRIERE A MORPHÉE
77
Doux
-tel é-car-té des pa-vôts recueil-lis aux rives taci-
-turnes qu'ar---ro-------sé le Lé-thé.
IIem Couplet
Viens aporter le calme à mon ame échauffée si j'ai vou-é ce Temple à
ton culte charmant daigne daigne, à ton tour exau-cer ô Mor-phée,
les hymnes d'un a-mant. quand tes douces erreurs conso-lant
ma tendresse, me livreront Silvie au sein de mon sommeil, pro-longe
ces instans d'une amoureuse y-vresse. re-tar-de mon ré-veil.

IIIe Couplet
O prodige! à mes feux tu soumets la cruelle! je la vois sous un
dais de verdure et de fleurs, je la vois partager la chaleur mutuelle
de mes baizers trompeurs. que je au... du moins ces douceurs passa=
=gères qui calment de mes sens le trouble impetueux; ve=nés en=
=tourés moi de vos aîles lé=geres songes voluptu=eux.
IVe Couplet
Garde, ô paisi=ble Dieu ma porte soli=taire; de mes épais ri=
=deaux re-double les contours et s'il le faut encor, va chercher à Cy=
=thére le bandeau des amours. tout le jour accablé des rigueurs de Sil=
=vie, si la Nuit en révant je puis la désarmer pour ce reve en-chan=
=teur je donnerais ma vie; c'est vi=vre que d'ai=mer.
M. FRANCOIS DE NEUCHATEAU.

Si vous ſçaviés comme un baiſer eſt doux,
Sans balancer vous m'en donneriés mille.

LA VALEUR D'UN BAISER

Andantino
Pour un baiser que j'exi-ge de vous faut - il I. .
- ris être si diffi - - - ci - le si vous sca - - - viés
comme un baiser est doux sans balancer vous m'en donneriés mil-le
ma chere I-ris ce langage char - mant est pour parler au

cœur le moyen le plus ten - dre ; et l'on se dit ain - -
-si dans un moment ce qu'un an de dis cours feroit à peine enten -
-dre ce qu'un an de discours feroit à peine enten - - - - - - dre
ce qu'un an de discours feroit à peine enten - - - - dre .

Andantino
Loin de l'ob-jet de ma ten-dresse puis je gouter quelques plaisirs
mon cœur qu'oc-cupe ses de-sirs le cherche et croit le voir sans cesse
mais bientôt cet-te douce y-vresse ne me laisse que mes soupirs
II
Si je vais au fond d'un boccage
Chercher un instant le repôs,
Le chant des amoureux Oiseaux
En peignant l'amour qui m'engage
Ne m'offre que la triste image
De mes desirs et de mes maux.
III.
En vain de la saison nouvelle
On me vante les agrémens;
L'affreux hyver glace mes sens;
Lorsque je suis loin de ma belle,
Mon cœur ne trouve qu'auprès d'elle
Le charme et les dons du Printems.
IV.
Chaque matin avant l'aurore
Je suis éveillé par l'amour;
Et la clarté par son retour
Rend mes maux plus cruels encore,
Loin de la beauté que j'adore,
Hélas! je déteste le jour.
M. LE CHEVALIER DE MENIL GLAISE

Mais, si vous m'êtes infidèle,
Qui pourra me venger de vous?

Le Barbier inv. D. Née Sc.

LA VENGEANCE IMPOSSIBLE.

Andantino
Lorsque Phi-lis tra-hit mon es-pe-rance c'est vous aimable I-
-ris qui sé-cha-tes mes pleurs, mon triste cœur a-près son
incons-tance trou-va dans votre a-mour la fin de ses mal-
-heurs, Je suis con-tent vous m'avez vengé d'el-le je

goute en vous ai = mant un sort cent fois plus
doux mais si vous m'êtes in = fi = del = le qui pour =
= ra me venger de vous qui pourra me ven = ger de vous
qui pour = ra me ven = ger me venger de vous ?

II.

Non, non, le bien Suprême
N'est pas dans la grandeur;
On le doit à soi même,
Il est dans nôtre cœur.
Tu m'aimes, je t'aime,
Voilà le vrai bonheur.

* *

Le Silence et la paix régnent dans ce boccage;
J'en trouble le repôs par mes tristes soupirs.

Le Barbier inv. Le Masquelier Sc.

LE BERGER AMOUREUX

Largo
Le si-lence et la paix. régnent dans ce Boccage j'en trouble
le re-pos par mes tristes soupirs et j'y repands des pleurs et
j'y répands des pleurs tandis que le ramage des Oi-seaux amou-
-reux annonce leurs plaisirs et j'y répands des pleurs tandis que le ra-

-mage des Oiseaux amoureux, annonce leurs plaisirs
Uniques confidens de l'ardeur qui me presse, hé-las! hé-
-las! je ne puis comme vous exprimer par mes chants l'excès de ma ten-
-dresse, hé- - -las! je ne puis comme vous exprimer par mes chants l'ex-

-rès de ma ten - drés - - - se; mais j'ai ſeul plus d'a - mour que
vous n'en avez tous que vous n'en avez tous mais j'ai ſeul plus d'a-
-mour que vous n'en avez tous.... mais j'ai ſeul plus d'amour que
vous n'en avez tous mais j'ai ſeul plus d'amour que vous n'en avez tous-

Ma chere Eglé, ma tendre Bergerette,
Est peinte ici dans tout ce que je vois.

Le Barbier inv. Masquelier Sc.

LES SOUVENIRS

Allegretto.
Mineur.
O Dieu d'amour, ô que cette retraite que ces jar: dins ont de
charmes pour moi! ma chere Eglé ma tendre Bergerette est peinte i:
:ci dans tout ce que je voi. Voila les bords de la claire fontaine, ou
Majeur
je la vis ou je lui dis mes feux c'était i-ci qu'a l'ombre d'un vieux

chêne elle sourit à mes premiers aveux sous ce berceau de fleurs et de
verdure elle me dit, je t'a-dore à mon tour dans les dé-tours de cet-
-te grotte obscure, je l'égarai sur les pas de l'amour je
Mineur
O Dieu
Majeur
IIe Couplet
Je dépouillai tous ces rosiers pour elle, et sur son front j'inclinai ces ra-
-meaux au clair de Lune, avec moi, cette Belle, d'un pas léger, dansoit sous

ces ormeaux ici souvent, à l'heure convenue, je m'élançois au de:
:vant de ses pas quand à travers cette sombre avenuë elle accou:
:roit en me tendant les bras elle accouroit en me tendant les bras. O Dieu
Mineur
Majeur.
IIIe. Couplet.
Là j'entendis sa voix douce et ché-rie, qui se mêlait au con-cert des Oi:
:zeaux, pour l'écouter la Nayade attendrie, le voit son front couronné de ro
:zeaux. c'étoit ainsi qu'occupé de ma flame je m'enyvrois d'un tendre souve
:nir. ces doux pensers avoient remplis mon ame, céleste Eglé quand je
vous vis ve:nir céleste E-glé, quand je vous vis ve:nir.
O Dieu d'amour ô que cette retraite, criai-je a-lors a de charmes pour
moi! mes souvenirs n'ont rien que je re-grette mon Eglé
seule est l'objet que je voi.
M. FRANÇOIS DE NEUCHATEAU.

Mes chers Moutons, s'écria t'elle,
Laißez moi m'occuper de ma douleur mortelle

Ch. Barbier inv. — J.J. Masquelier Sc.

LA DOULEUR
DE
L'ABSENCE.

Allegretto
L'autre jour au bord d'un Ruisseau assis à l'ombre d'un ormeau je
vis dessus l'herbette la gentille Lisette, au son du chalumeau dis:perser
son troupeau mes chers moutons s'écria t'elle, laissés moi m'occuper de ma dou:
:leur mortelle Pais:sés avec tranquilité, et goutés la féli:cité de vôtre liberté;

II .

Ah! que ne puis-je comme vous
Jouir d'un bonheur aussi doux !
Vous ignorés les larmes ,
Les craintes, les allarmes ,
Et le cruel tourment
De pleurer un amant .
Mes chers Moutons , toujours ensemble
Si vous vous séparés bientôt on vous rassemble ;
Mais qu'il est loin le jour heureux
Qui doit ramener en ces lieux
L'objet de tous mes Voeux !

III .

Autant que moi mon cher Tircis
A des chagrins et des ennuis ;
Sans cesse on l'entend plaindre ,
Tout lui paroit à craindre ,
Et tout lui semble affreux
Eloigné de mes yeux :
Mon cher amant , seche tes larmes ,
Dissipe pour jamais tes mortelles allarmes ;
Zéphir , porte lui mes soupirs ,
Amour , peins lui tous mes desirs ,
Rends lui quelques plaisirs .

* * *

Andantino
Petits Oizeaux de ce Boc= cage I = ris vous vient econ=
= ter chaque jour vous lui plai= sés et vous parlés d'amour
Aprenés moi votre langage aprenés moi votre langa ge aprenés
moi Vôtre a a

Quelquefois pénétrant au fond de son tombeau,
J'ose encore la chercher dans ses crêpes funebres ;

Le Barbier inv. Masquelier Sc.

REGRETS
DE
PETRARQUE

Recitatif
Séparé pour jamais de tout ce qu'il aimoit Petrarque inconsolable
aux Echos des Rochers sans cesse repettoit ce dis - cours lamenta - - - -
- - - ble . . . .
Largetto
Tout est changé pour moi tout afflige mon cœur les ruis
-seaux argentés n'ont plus leur doux mur - mure je ne vois plus des

bois la riante verdure de leur ſombre clarté je ne vois que l'hor-
-reur les près sont ſans émail les Jardins ſans parure, le Soleil ſans é-
-clat, les vallons ſans fraicheur; J'ai perdu Laure hélas! après un tel mal-
-heur je ne vois plus que deuil ſur toute la na-tu-re
f.
f.
f.

II.

Quelque fois pénétrant au fond de son Tombeau
J'ose encor la chercher dans ses Crêpes funébres ;
Je perce en frémissant les horreurs des ténébres,
Guidé par la lueur d'un lugubre flambeau .
Dans un triste Cercuëil , de Linceüils entourée ,
Ses beaux yeux sont fermés à la clarté du jour ;
Les miens cherchent en vain l'objet de mon amour,
Mon cœur seul y retrouve une amante adorée .

III.

Mais bientôt accablé du poid de ma douleur,
Je couvre de baisers sa bouche inanimée ;
Dans son livide corps mon ame renfermée
Veut en vain l'échauffer par sa brulante ardeur :
Je remplis de mes cris ces voutes ténébreuses ;
Et prèst à Voir finir les horreurs de mon sort,
Pour la pleurer encor je retarde ma mort ;
Et quitte en soupirant ces demeures affreuses .

IV.

Il est tems de céder à mon cruel tourment :
Laure , ma chere Laure, à la fin je succombe ;
Pour la derniere fois je vais ouvrir ta tombe ,
Et dans ton noir Sépulchre enfermer ton amant ,
Au fond du monument mon corps que je dépose
Trouvera près du tien un remède à ses maux :
Et s'il peut être encor pour moi quelque repôs ,
Ce n'est que dans les lieux ou ma Laure repose .

***

Que le Soleil eſt long à finir ſa carriere,
Quand on attend la nuit pour revoir ſa Bergere.

P. Née Sc.

LE RETOUR
DU
BERGER

Allegro
Doux
f.
On n'en-tend plus le ramage des heureux Oi-seaux ils se livrent au re-
-pos quittons ce patu-ra--ge re-tour-nons au Vil-la---ge ha-tons
nous, mes chers troupeaux voici l'heure for-tu-née où mon tendre cœur va
gouter le bonheur toi que j'ai tant désirée je vais donc te re-voir les de-

-sirs de la journée augmentent les plaisirs du soir. aux pieds de ce que
j'aime enfin je vais vo-ler je pourrai l'adorer et lui dire mon amour extrême
hélas! combien j'ai soupiré depuis que j'en suis séparé que le soleil est long à finir
sa carrierre quand on attend la nuit pour revoir sa Bergere. ou n'en
* * *

II

Si la sombre jalousie
Sur moi verse son poison,
Par sa noire frénésie
Elle altére ma raison.
Mais cette horrible Mégére
Cherche en-vain à m'allarmer,
Un Soupir de ma Bergere
Vient bientôt me rassurer.

III

Voir ma chere Anette heureuse
Est pour moi le seul bonheur,
Et mon ame ambitieuse
Ne désire que son cœur.
Trouver ce qui peut lui plaire
Voila ma félicité;
Un desir de ma Bergére
Est ma seule volonté.

IV

Quelque fois me humeur sombre
Me dérobe ma gaité;
Dans mes accès je prends l'ombre
Pour une réalité.
Bientôt cette peur légére
Fait place à la vérité;
Un baiser de ma Bergére
Me rend ma sérénité.

* *

Il détache la Clochette,
Qu'il agite bien doucement.

LA CLOCHETTE

Dès longtems Ro = se é = tait cru = el = le sourde aux deu=
= ret = tes des gar = çons elle n'aimait rien di = soit elle hor=
= mis son chien et ses mou= tons et pour-tant voyés l'inno=
= cen=ce elle a = voit prés d'elle un a = gneau qu'elle flat- tait de

II.

Cent fois de ses lévres de Rose
En un instant on le pressoit :
Une fleur étoit elle éclose,
Sur son front vite on la plaçoit :
Sa moindre absence l'inquiétte....
Aussi dans ses soins délicats
Rose lui met une Clochette
Bruyant témoin de tous ses pas.

III.

Colin amoureux de la belle
Voudroit bien suplanter l'agneau:
Un jour il le surprend sans elle,
Il l'emporte loin du hameau:
Puis il détache la Clochette
Qu'il agite bien doucement;
Tant que l'innocente qui guette
Arrive où le malin l'attend.

IV.

Jamais bosquet plus solitaire
Ne fut si propice à l'amour.
Colin console la Bergére,
Puis de ses feux parle à leur tour.
Tout en vantant la gentillésse
Du pauvre petit animal,
Il lui peint si bien sa tendrésse
Qu'il prend les droits de son rival.

V.

L'agneau regagnant sa retraite
Près d'eux parait en ce moment;
Rose entens tu cette Clochette ?
Cria Colin, en l'embrassant:
Méchant, dit Rose embarassée,
C'étail pour un tout autre emploi
Que cette cloche fut placée;
Mais l'heure en a sonné pour toi.

M. LE PRIEUR

Largetto
J'ai six fois dans la plaine vu jaunir nos moissons depuis que ma Cli=
=méne écoute mes chansons d'une ardeur éternelle nous brulons tous les
deux le tems la rend plus belle et moi plus amou=reux.
II
Nos sermens sur l'aréne
Ne furent point tracés ;
Nos Noms sur aucun chêne
Ne sont entrelassés.
Ce sont les faibles armes
D'un amour imposteur ;
Mes sermens et ses charmes
Sont gravés dans mon cœur.
III
Nous servons de modéles ;
On nous voit dans nos feux
Egalement fidéles,
Egalement heureux.
Le froid de la Constance
Est loin de nos plaisirs,
Et notre jouissance
N'a que l'air des désirs.
M. de Plumetrau

Aujourd'hui je vois ma Mere
M'ordonner d'un ton sévere
De fuir avec soin Colin.

LA DEFFENSE INUTILE

Allegro .
Quand j'étois jeunette , J'allois seule sous la coudrette, Cueillir la Noiset =
= te et jouer à cent petits jeux aujourd'hui je vois ma mere m'ordon =
= ner d'un ton sévère de fuir avec soin ces lieux et je suis toujours sous
ses yeux Colin sans doute en est cause dès qu'il me dit quelque chose

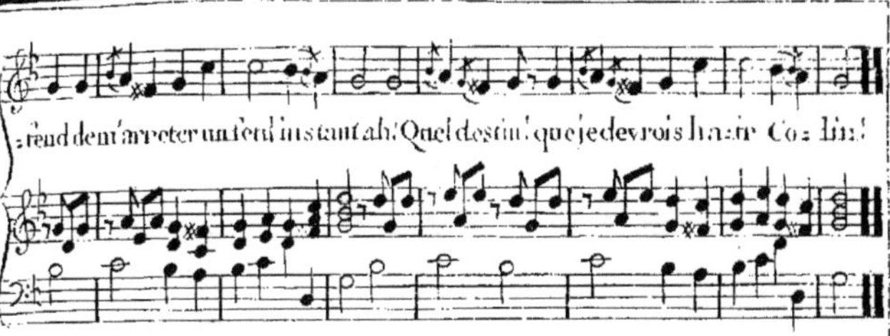

II

Helas ! qu'à mon âge
On souffre d'un tel esclavage!
Pour un autre usage
Colin dit que j'ai des attraits.
Un jour il vint me surprendre;
Il me peignit d'un air tendre,
L'amour, l'effet de ses traits,
Et le sort des Amans parfaits.
Ma Mere frappa ma vuë,
Je m'échappai toute emuë,
Depuis ce jour
Je ne songe plus qu'à l'amour;
Ah! quel destin!
Falloit-il écouter Colin ?

III

Je cherche sans cesse
A m'échapper avec adresse;
L'amour qui me presse
M'inspire des détours heureux.
Colin qui toujours me guette,
Sait m'approcher en cachette;
J'écoute, et je sens ses feux;
Je voudrois combler tous ses vœux
Il dit cent fois qu'il m'adore,
Je me le dis plus encore;
Mais quoi! toujours
Ces tendres instants sont trop courts
Ah! quel destin!
Et que je plains mon cher Colin.

M. le Chevalier de Menilglaise.

Adagio.
L'aurore à peine ouvroit les cieux qu'à la fa = veur d'un
songe offici = eux j'ai cru vous voir moins in = hu = maine.
Quels plaisirs quels ardens trans-ports! que je serois heureux Climé =
= ne si je veil-lois comme je dors si je veillois comme je dors.

Je vôle à toi, Cidamant,
C'est toi seul désormais qui peut me rendre heureuse

LE SOUPÇON

INJUSTE

Andantino
Affis au bord d'un clair Ruis = seau ombragé
par de jeu = nes charmes j'apperçus hier I = = sa =
= beau qui menoit paitre son troupeau la pauvre enfant versoit des
lar = mes et s'ecri = ait en ce mo = ment non je ne veux

plus d'a = mant j'a = ban= donne Cidamant j'abjure pour ja=
=mais une fla = me hon = = teu = = = = se non je
ne veux plus d'a=mant j'aban = don = ne Ci = da =
=mant c'est l'unique moyen d'être toujours heu = reu = = se .

II

J'aimois L'ingrat si tendrement
Qu'il me semblait toujours plus tendre!
Pour moi tout devenoit tourment
Dès qu'il me quittait un moment:
Cependant il se fait attendre
Et je l'appelle vainement!
Non &c.

III

Il m'avoit dit en me quittant,
A demain, Ô toi que j'adore!
Moi, j'avais dit en soupirant,
Je ne vivrai qu'en te voyant.
Mais il ne parait point encore,
Ah! sans doute il est inconstant.
Non &c

IV

Tandis qu'elle achevoit ces mots
Son Berger parut dans la plaine;
Sur les plus fertiles Coteaux
Il avoit conduit ses troupeaux.
Alors sans songer à sa peine
Elle s'écria doucement:
Ah! j'apperçois mon amant,
Je vôle à toi Cidamant,
J'abjure pour jamais une crainte honteuse,
Je vôle à toi Cidamant,
Pardonne moi cher amant,
C'est toi seul désormais qui peut me rendre heureuse.

* * *

Hélas ! je suis né pour la peine,
Et les plaisirs sont faits pour vous.

LE BERGER MÉCONTENT

Andantino
Que . . . . me sert - il aure = tour du printems de voir la na =
= tu = re bril = lan = te de voir la nature bril = lan = te
si l'in = gra-te si l'ingra-te A = ma = ran = te mé =
= prise les maux que je sens si l'in-grate A-ma =

F P F P
=rante mé=pri=se mé-pri=se méprise les maux que je sens
si l'in-grate Ama=rante mé=prise les maux que je sens . mes
chers moutons fola=trés dans la plaine goutés les plai=sirs
les plus doux mes chers mou- tons goutés les plai=

-sirs les plus doux hé-las! hé- - las! je ſuis né pour la
peine, et les plaisirs sont faits pour vous hé - las! je ſuis né
pour la pei- -ne, et les plai- -sirs et les plai- -sirs ſont
faits pour vous et les plai - sirs ſont faits pour vous.

Lugubre nuit, par vos ténébres,
Venés chaſser l'éclat du jour.

LE MELANCOLIQUE

Largo
Lugubre nuit par vos té-nebres ve-nués chas-ser l'é-
-clat du jour de vos Oi-seaux les chants funé-bres
peu- - - - - vent seuls con so-ler un mal-heu-
-reux amour conso- - -ler un mal- - -heu- - - -
très D

-reux a-mour; leurs voix plainti - - -vestoujourscrainti - - -
-vestaisent leurs feux jus-qu'au mo- - -ment où
l'ombreavecsonvoile sombre vientcouvrir l'im-men-si- -té des
cieux alors par leurs cris-mes maux sont a-dou- - cis.

Très fort
à leurs ac--cens j'unis ma voix tremblante cet--te
triste horreur appai-se la douleur qui dans mon cœur à chaque instant est
renaissante ré-pet-ter aux é--chos tous mes maux
fait à mon triste cœur gou-ter quel que ré--pôs.
Dacapo al Pr
* * *

Table des Chansons du IIIe. Volume.

A

C

D

F

J

L

Nª Les paroles des chansons marquées par * * * sont de L'Auteur de la Musique.

J'ai lu, par ordre de Monseigneur le Chancelier un Manuscrit intitulé Choix de Chansons, et je n'y ai rien trouvé qui m'ait paru devoir en empecher L'impression. A Paris ce 22 Juin 1772.

DES FONTAINES

www.ingramcontent.com/pod-product-compliance
Ingram Content Group UK Ltd.
Pitfield, Milton Keynes, MK11 3LW, UK
UKHW021152260726
13994UKWH00001B/406